どっちを選ぶ? クイズで学ぶ!

こども防犯サバイバル

全3巻 内容説明

① 下校・留守番

・家のカギのもち方で
一番いいのはどれかな?

・知らないおじさんが「駅まで連れて
いって」といってきた。どうしよう?

・だれもいない家。
入るときにやるべきことって?

・留守番中にインターホンが鳴った!
どうしよう?　など

② お出かけ・外遊び

・公園で遊ぶ場所。
安心なのはどっち?

・遊んでいたら、トイレに
いきたくなった。どうしよう?

・ショッピングモールで
注意したほうがいい場所はどこ?

・家に帰るのがおそくなっちゃった。
どんな道で帰るのがいい?　など

③ スマホ・SNS

・写真をSNSに投稿したい!
アップしてはいけないものは?

・SNSで悩みを聞いてくれるおねえさん。
じっさいに会ってもいい?

・買ったマンガ。みんなに見せるために
写真にとって投稿してもいいの?

・動画の再生ボタンをクリックしたら
お金を請求された! どうしよう?　など

どっちを選ぶ？ クイズで学ぶ！

こども防犯サバイバル

サバイバル

監修 ▶ **国崎信江**
（危機管理教育研究所代表）

イラスト ▶ **小松亜紗美**
（Studio CUBE.）

2

お出かけ・外遊び

日本図書センター

⚠️ はじめに ⚠️

　知らない人にどこかへ連れていかれたり、こわい目にあわされたり、とても残念なことですが、このようなこどもをねらった悪質な犯罪が、毎年のようにおこっています。みなさんも、テレビやネットのニュースで見て、「こわい！」「許せない！」と感じたことがあるのではないでしょうか？　また、ニュースにはなっていないけれど、大きな犯罪につながりかねない、あやしい人物による「声かけ」や「つけまわし」などの事件は、わたしたちの生活のなかで、じつはよくおこっているのです。

　この本に登場する2人の主人公にも、公園で遊んでいるときや、ショッピングモールに出かけているときに犯罪の魔の手がしのびよります。犯罪にあいやすいのは、どんな場所なのか？　もし危ない目にあいそうになったときは、どうすればいいのか？　みなさんも2人といっしょに、なにが正しいのか考えてみてください。

　この本を読んで、正しい防犯の知識を身につけておけば、ふだんからどこでどのような犯罪がおこりえるのかイメージできるようになります。そして、それは犯罪を遠ざけ、大切な自分を守ることにつながるのです。この本がみなさんの身と心の安全に少しでも役立つことを祈っています。

危機管理教育研究所代表　国崎信江

防犯の知識や、危険がせまったときの正しい行動をクイズにしているよ。

問題のむずかしさを3段階で表示しているよ。

問題の答えをイラストとともに紹介するよ。

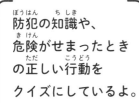

問題 2　道で人とすれちがうとき、相手のどこを見ているといいの？

むずかしさ★★★

A　手　　B　服装

答え A　手

相手の手先を見ていることが大事

人とすれちがうときは、つい相手の顔や服装に気をとられがちだけど、大事なのは相手の手先を見ること。なぜなら、悪い人は刃物など危ない道具をもっていることがあるからね。手先を見ていれば、そういう道具をもっている人に気づくことができて、すばやく逃げることができるんだ。

もし、ポケットなどに手を入れている人がいたら要注意。なにをもっているかわからないから、近づかないようにしよう。

相手の目を見るのも大事。変な感じがしたらはなれて歩こう！

クイズ深掘り！

角を曲がるときは外側から大きく

道の角を曲がるときは、へいにそって小さく曲がるのは危険だよ。曲がった先で悪い人が待ちぶせしていたとき、気づくのがおくれるからね。大きく曲がれば、曲がった先が早めに見通せるよ。だから、もし悪い人がいても早く気づけて、逃げることができるんだ。

14

15

問題の選択肢だよ。どちらが正しいか自分で考えてみよう。

答えについてくわしく説明しているよ。

問題に関係することがらを紹介するコラムだよ。

ユウト

この本の主人公の1人。外遊びが好きでこわいもの知らずな男の子。

エマ

この本の主人公の1人。ユウトの同級生で好奇心の強い女の子。

サバイバルマスター

防犯について知りつくしたアドバイザー。

もくじ

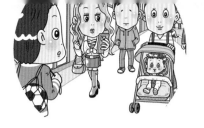

7

お母さんてば
いつもこうなんだから…

ユウトー!

ハァ　ハァ…

あ、エマ!

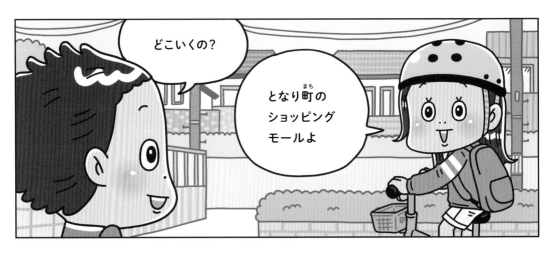

どこいくの?

となり町の
ショッピング
モールよ

早めに帰りなさいって
お母さんにいわれてるけど、
見たいお店がいっぱい
あるんだよなー

あー、うちの親もそう…

おそくなるなとか
車に気をつけろとか
そんなことばっかりいってる

わかるーー

もう小さい
こどもじゃないんだから
そんなこと
わかってるのにね

うふふ…

ユウトは
いつもの
公園?

そうだよ
待ちあわせしてるんだ

早くいかなきゃ

は!

じゃあね！
バイバーイ

またね!

さあて
ぼくもいくかー！

公園まで安全にいくために、気をつけなくてはいけない道は?

むずかしさ ★★★

A 高架下の道

頭上 注意

B 空き家がある道

答え
A・B・D

高架下の道、空き家がある道、ガードレールのない道

どんな道に注意すべきか知っておこう！

犯罪にあいそうな道に注意する

高架下の道は昼間でもうす暗く、人目につきにくい。だから、犯罪にあいやすいよ。それに、なにか危険な目にあっても電車や車の音のせいで、助けを呼ぶ声が届かないことも多いんだ。空き家は悪い人にとって都合のいい場所。だれもいない家に連れこまれて、こわい目にあうおそれがあるよ。ガードレールのない道もやっぱり危険。車を使った犯罪にあいやすいんだ。

このような道を通るときは、最大限まわりに注意をはらおう。

クイズ深掘り！

安全なのはどんな道？

安全な道とは、「人通りのある道」「外灯があって明るい道」「ガードレールのある道」などだよ。このような道は犯罪にあいにくいだけじゃなく、事故にもあいにくいんだ。

家のまわりで、どの道が安全か家の人と話しあって、できるだけ安全な道を歩こう。

いろいろある注意すべき道

注意が必要な道は、12ページの道以外にもいろいろあるよ。たとえば線路ぞいの道や、工事現場の近くの道、住宅地の道などにも、気をつけなくてはいけないんだ。近所にそういう道がないか、確認しておくことも大切だよ。

線路ぞいの道

電車が通るときに大きな音がするので、人が近づいてくる足音が聞こえにくい。だから、とつぜん悪い人におそわれてしまうことがあるよ。そして助けを呼んでも、まわりの人に聞こえないこともあるんだ。

工事現場の近くの道

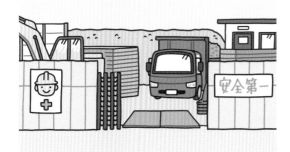

工事現場の近くの道も、出入りしている車の音や工事の音でうるさいから、助けを呼ぶ声が聞こえにくいよ。とくに、交通誘導している人がいない工事現場は、気づかれにくいので注意しよう。

住宅地の道

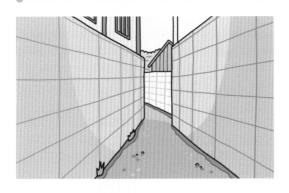

住宅地には人が住んでいるから、そのあたりの道は安全に思えるよね。でも、昼間は留守にしている家もあるし、1本わき道に入ると、人通りが少なかったり、へいやかべが目かくしになったりする道もあるから、じつは注意が必要なんだ。

道で人とすれちがうとき、相手のどこを見ているといいの？

むずかしさ ★ ★ ★

A 手

B 服装

相手の手先を見ていることが大事

　人とすれちがうときは、つい相手の顔や服装に気をとられがちだけど、大事なのは相手の手先を見ること。なぜなら、悪い人は刃物など危ない道具をもっていることがあるからね。手先を見ていれば、そういう道具をもっている人に気づくことができて、すばやく逃げることができるんだ。

　もし、ポケットなどに手を入れている人がいたら要注意。なにをもっているかわからないから、近づかないようにしよう。

相手の目を見るのも大事。
変な感じがしたら
はなれて歩こう！

クイズ深掘り！

角を曲がるときは外側から大きく

　道の角を曲がるとき、へいにそって小さく曲がるのは危険だよ。曲がった先で悪い人が待ちぶせしていたとき、気づくのがおくれるからね。大きく曲がれば、曲がった先が早めに見通せるよ。だから、もし悪い人がいても早く気づけて、逃げることができるんだ。

公園で遊ぶ場所。安心なのはどっち？

むずかしさ ★ ★ ★

A 木がしげった場所

B 見晴らしのいい場所

見晴らしのいい場所

かくれんぼをしやすい場所には、悪い人がかくれているかも

木がしげっている場所は危険

身近な公園は安全な場所のように思えるけれど、じつはそんなことはないよ。公園はだれでも入れるから、悪い人も入りやすく、こどもをねらった犯罪もおきやすいんだ。

とくに木がしげっている場所には注意が必要だよ。悪い人がかくれているかもしれないし、犯罪にあったときも、まわりの人に気づいてもらいにくいからね。

遊ぶのはまわりからよく見える見晴らしのいい場所にしよう。

クイズ深掘り！

落書きやゴミが多い場所も注意

公園には、落書きをされていたり、ゴミがたくさんすてられていたりする場所もあるよね。そんな場所は、きちんと管理されていないから、悪い人にとって犯罪をするのに都合がいいんだ。

もし、そういう場所を見かけたら、近づかないようにしよう。

知らない人が「写真をとらせて」っていってきた。どうしよう？

むずかしさ ★ ★ ★

写真とらせてくれない？
1万円あげるから

A とらせてあげる

B とらせない

ダメ!!

撮影のときにこわい目にあうことも

　写真をとってもらうと、うれしい気もちになるよね。でも、知らない人にとらせるのはとても危険だよ。どんな写真をとられるかわからないし、写真をとるときにこわい目にあうかもしれない。それにとった写真を悪いことに使われるおそれもあるんだ。だから、知らない人に写真をとらせるのは絶対にダメ。お金をあげるといわれても、きっぱり断わろう。

　写真は家の人やよく知っている人だけにとってもらおうね。

写真をとるふりをして、悪いことをする人もいるよ

クイズ深掘り！

モデルのさそいにも要注意

　悪い人は「モデルにならない？」と声をかけてくることもあるよ。モデルはかっこいいから、なりたいと思うかもしれないね。でもそのことばを信じてついていくと、ゆうかいされたり、こわいことをされたりすることもある。そんなさそいにあったら、まずは家の人に相談しよう。

19

遊んでいたら、トイレにいきたくなった。どうしよう？

むずかしさ ★★★

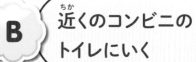

A 公園のトイレにいく

B 近くのコンビニのトイレにいく

近くのコンビニのトイレにいく

公園のトイレはできるだけさけよう

　公園のなかでも、トイレはとくに犯罪にあいやすい場所だといわれているよ。トイレの個室にかくれていた悪い人が、トイレにやってきたこどもをおそう犯罪がおこっているんだ。だから、できるだけ公園のトイレは使わないようにしよう。

　近くにコンビニがあれば、そこのトイレをかりるのが一番。コンビニにはお店の人がいるし、トイレのそばには、防犯カメラがついていることも多いから安心だよ。

かりるときはお店の人にきちんとお願いしよう！

クイズ深掘り！

公園のトイレは1人では使わない

　近くにコンビニがなくて、公園のトイレを使わなければならないときは、友だちにもついてきてもらおう。こどもの数が多ければ、悪い人も近づきにくくなるからね。

　トイレに入るときは、まわりをよく見て、あやしい人がいないか、よく確認しよう。

駅のエスカレーター。利用するときにやるべきことって？

むずかしさ ★ ★ ★

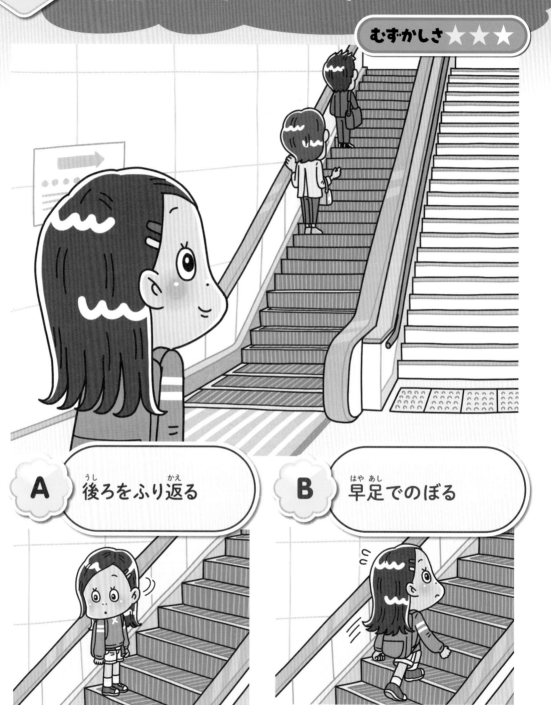

A 後ろをふり返る

B 早足でのぼる

盗撮されないように後ろに注意する

すきを見せない行動で自分を守ろう！

　駅のエスカレーターや階段では、悪い人が下着などを写真にとろうとして、後ろから盗撮してくることがあるよ。それを防ぐための方法で一番かんたんなのは、ときどき後ろをふり返ること。そうしておけば、悪い人も見つかるのをおそれて、盗撮しなくなる。大事なのは、すきを見せないことなんだ。

　盗撮は、女の子でも男の子でも被害者になる可能性があるよ。ひとごとではないと、考えておこう。

クイズ深掘り！

盗撮の危険がある場所

　エスカレーターのほかにも、団地や公園、学校のまわりなど、こどもの多い場所は盗撮がおきやすいよ。また、プールや銭湯など衣服をぬぐところは、とくに盗撮する人があらわれやすい。こういう場所では、近くにカメラやスマホをかまえたあやしい人がいないか、よく確認しよう。

電車に乗るとき、さけたほうがいい場所はどっち？

むずかしさ ★★★

A　入り口のドアのあたり

B　おくにある連結部あたり

なにかあったら
つぎの駅ですぐ
お降りよう

おくにある連結部あたり

電車のおくは逃げづらい

電車のなかでは、こわい目にあったとき、すぐ逃げられる場所にいることが大事だよ。

電車をつなぐ連結部あたりは入り口から遠いから、なにかあったとき、逃げるのに時間がかかってしまう。それに混雑しているときは、まわりの人に気づいてもらえないこともあるんだ。入り口のドアの近くにいれば、なにかあってもすぐつぎの駅で降りることができるから安心だよ。

つぎの駅でどちら側のドアが開くのか確認しておこう！

バスでもおくの座席はさける

バスのなかでも、おくの座席にすわるのはやめておこう。おくの座席だと運転手さんから見えづらいし、ほかのお客さんからも気づかれにくい。だから悪い人にねらわれやすいんだ。

バスのなかでは、できるだけ入り口や運転手さんの近くにすわるようにしよう。

ジロジロ…

クイズ深掘り！

25

ショッピングモールで注意したほうがいい場所はどこ？

むずかしさ ★★★

A 階段

B 駐車場

C イベント会場

ホリデーフェスティバル

D　ゲームコーナー

A〜Fから正しいものを
すべて選んでね

E　お店

F　入り口

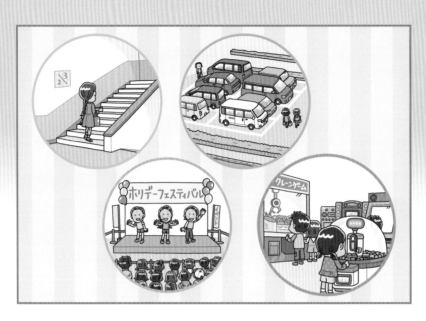

階段、駐車場、イベント会場、ゲームコーナー

人が多い場所も少ない場所も注意する

ショッピングモールやデパートなどの商業施設の階段には、あまり使われていないところもある。そこは人がいないから、じつは犯罪にあいやすい場所だよ。駐車場は、車のかげで、まわりから見えにくいし、車に連れこまれる危険もあるよ。

イベント会場やゲームコーナーは、人が大勢いて安全に思えるね。でも、みんなイベントやゲームに気をとられているから、犯罪にあったとき気づかれにくい場所なんだ。

人が多い場所にも、悪い人はあらわれるよ

クイズ深掘り！

これかわいい！

ショッピング中もねらわれやすい

買いもの中は、つい夢中になってしまって、まわりのようすが目に入らなくなりがち。そして、そんな状態はとても危険なんだ。なぜなら悪い人にねらわれて、スリや置き引きなどの被害にあいやすくなるからね。

買いもの中も、まわりに気をつけよう。

人が多いところは危険

人が大勢集まる場所には、自然と悪い人も集まるよ。そして、そういう場所は遊園地やお祭りなど、楽しいところが多いから、悪い人がいるかもしれないってことをつい忘れてしまうんだ。どんなに楽しくても注意を忘れないようにしよう。

遊園地

人が多く、迷子になりやすい場所だよ。家族や友だちとはぐれて1人になったときに、悪い人にねらわれやすくなるよ。

プール

水着すがたを盗撮しようとする悪い人があらわれやすいよ。あやしい人がいたら、家族や係の人に伝えよう。

花火大会

花火に夢中になると、まわりに注意が向かなくなるし、夜の暗さも悪いことをするのに都合がいいから、犯罪がおきやすいよ。

お祭り会場

混雑していて人と接することが多いから、スリなどの犯罪がおきやすいよ。また、からだをさわるなどの犯罪もよくおこるよ。

問題 9

ショッピングモールでトイレにいくときは、どのトイレを使うのがいいの？

むずかしさ ★ ★ ★

A 一番手前のトイレ

B 一番おくのトイレ

一番手前のトイレ

手前のトイレが使用中のときは、あくまで待とう！

出入り口に近いトイレを使おう

　ショッピングモールのトイレは、明るくてお客さんもよく使うから安全に見えるよね。でも、そんなトイレでもやっぱり危険。盗撮されるおそれはあるし、個室にひそんだ悪い人が、犯罪をするタイミングをねらっている可能性もあるんだ。

　だからトイレを使うときは、できるだけ出入り口に近いトイレを選ぼう。そこならなにかあってもすぐに逃げられるし、助けを呼ぶ声も外に聞こえやすいからね。

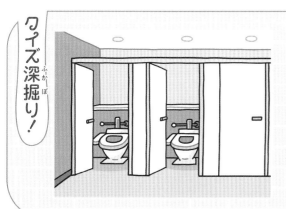

クイズ深掘り！

使用中のトイレに注意

　使用中のトイレがあったら、そのとなりのトイレはできるだけ使わないようにしよう。もし使用中のトイレに悪い人がひそんでいたら、かべの上のすき間からのぞかれたり盗撮されたりするかもしれない。それだけじゃなく、上から入ってきて、おそわれるおそれもあるんだよ。

帰りがおそくなっても、自転車だったら安全かな？

むずかしさ ★ ★ ★

A 安全

B 安全とはいえない

やっぱり
早く帰ろう

安全とは
いえない

自転車でも夜の道は危険

「悪い人がおそってきても、自転車ならすぐ逃げられるから安全だ」なんて思っていると、危険な目にあうかもしれないよ。なぜなら、自転車は意外とかんたんに止めたりひっくり返したりできるからね。悪い人におそわれたら、ひとたまりもないよ。

歩いていても、自転車に乗っていても、夜の道が危ないのは同じ。だから自転車で出かけたときでも、暗くなる前には必ず家に帰るようにしよう。

自転車でも悪い人からは
逃げられないよ

クイズ深掘り！

自転車のほうが危険なことも

自転車に乗って、悪い人から逃げようとすると、交通事故にあう危険も高くなるよ。逃げるときは緊張のあまり、スピードを出しすぎたり、まわりが見えなくなったりするからね。

自転車には、そういう危険があることも、おぼえておこう。

家に帰るのがおそくなっちゃった。どんな道で帰るのがいい？

むずかしさ ★★★

スタート

ファミリーレストラン

C 車が通らないせまい道

KOBAN

D 遠回りだけど、人通りのある道

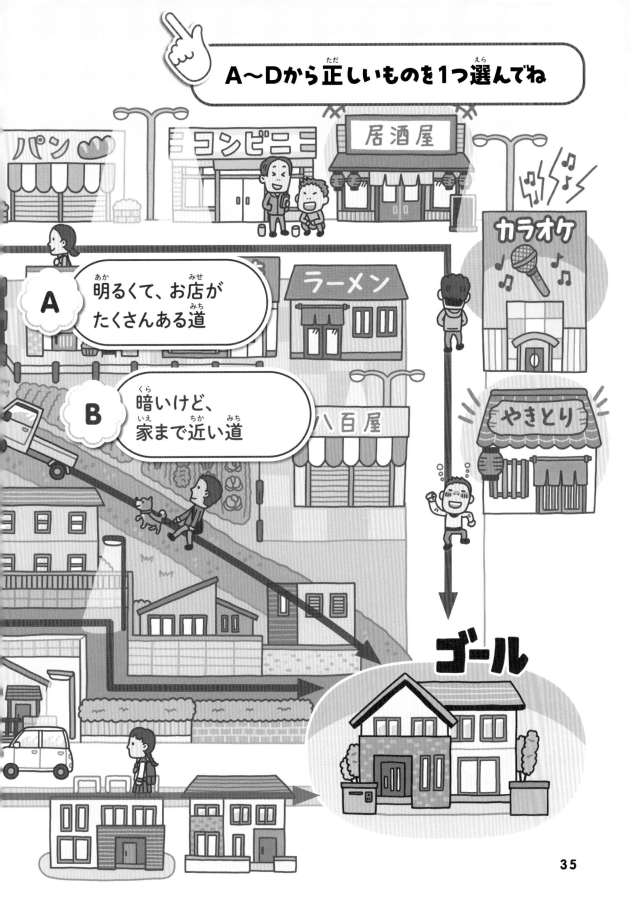

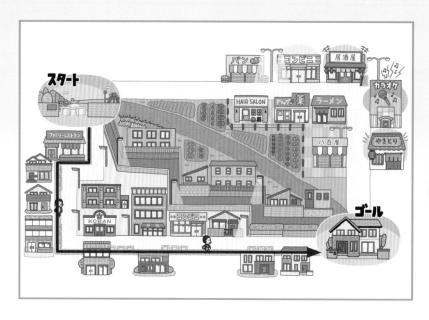

遠回りだけど、人通りのある道

おそくなると、危険な道が増えるよ

近くても危険な道はさけよう

　Aのようにお店がたくさんある道は、暗くなると昼間とはようすがちがってくるよ。いろんなこわい人が出てくるから、犯罪にまきこまれるおそれがあるんだ。Bのような暗い道は、悪い人がいても気づきにくいから危険。いくら家まで近くても使ってはダメだよ。Cのような車が通らないせまい道は、人けが少ないから、なにかあったとき助けてもらえないよ。Dは明るくて人通りもあるから安心。遠回りでもこんな道で帰ろう。

クイズ深掘り！

むかえにきてもらうのが一番安全

　暗くなると、人の目につきにくくなるから、悪い人が犯罪をするのに都合がよくなるよ。だから、1人で行動するのはさけたほうがいいんだ。
　もし、習いごとなどで、家に帰る時間がおそくなってしまったら、家の人にむかえにきてもらうようにしよう。

昼と夜でようすが変わる場所

よく知っている場所でも、時間が変わるとまったくちがうようすになることがあるよ。昼間は安全だった場所が、夜は危険な場所になることもあるんだ。自分の身のまわりの場所が、昼と夜でどのように変わるのか、前もって知っておこう。

学校

毎日いく学校は、昼間は生徒や先生がいてにぎやかだけれど、放課後暗くなってくると、人がいなくなりひっそりとしているよ。おそくまで残ったときなどは、学校でも注意しておこう。

公園

昼間、こどもたちが遊んでいる公園も、夜はしずか。外灯のない場所や木のしげみなどは、悪い人がかくれたり、こどもを連れこんだりしやすい場所になってしまうよ。夜は絶対にいかないでね。

商店街

商店街は、昼と夜とで開いている店がちがうから、ようすも変わってくるよ。昼に開けていた店が閉まっている分、人は少なくなる。そのいっぽうで、よっぱらいや不良など、こわい人がいることもあるよ。

問題 12

やさしそうなお姉さんが車から声をかけてきた。どうする？

むずかしさ ★ ★ ★

A 話をするために車に近づく

B 聞こえないふりをする

おとなが知らないこどもに
車（くるま）から声（こえ）をかけるなんて、
ふつうはしないよ

車（くるま）から声（こえ）をかけてくる人（ひと）は要注意（ようちゅうい）

　いくらやさしそうに見（み）えても、知（し）らない人（ひと）が車（くるま）から声（こえ）をかけてきたら、絶対（ぜったい）に近（ちか）づいてはいけないよ。悪（わる）い人（ひと）が車（くるま）のなかに連（つ）れこむために、話（はな）しかけている可能性（かのうせい）があるからね。もし、車（くるま）のなかに連（つ）れこまれてしまったら、あっという間（ま）に、遠（とお）くまで連（つ）れていかれて、逃（に）げだすのがむずかしくなってしまう。
　自分（じぶん）の身（み）を守（まも）るために、なにをいわれても聞（き）こえないふりをして、通（とお）りすぎるようにしよう。

クイズ深掘（ふかぼ）り！

車（くるま）は犯罪（はんざい）に使（つか）われやすい

　車（くるま）は「すぐに遠（とお）くへ連（つ）れさることができる」以外（いがい）にも、「外（そと）から車内（しゃない）のようすが見（み）えにくい」「逃（に）げだすことがむずかしい」など、悪（わる）いことをする人（ひと）にとって、都合（つごう）のいいことが多（おお）い。だから犯罪（はんざい）に車（くるま）が使（つか）われることはとても多（おお）いんだ。
　車（くるま）にはよく注意（ちゅうい）するようにしよう。

犯罪に使われやすい車ってどんな車かな？

むずかしさ ★★★

A 軽自動車

B ワンボックスカー

A～Dから正しいものを
すべて選んでね

C　窓にスモークフィルムが
はってある車

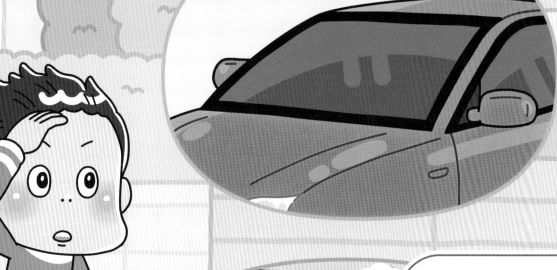

D　荷台のある車

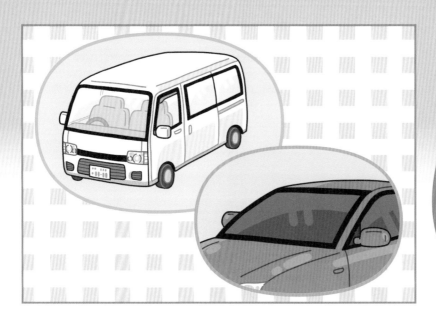

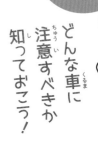

答え
B・C

ワンボックスカー、窓にスモークフィルムがはってある車

どんな車に注意すべきか知っておこう！

犯罪に使われやすい車の特徴

　ワンボックスカーは、ドアがスライド式で大きく開くから、ねらった相手にギリギリまで近づけるうえ、車内に連れこみやすいよ。それに座席の数も多いから、悪い人がたくさん乗っている可能性があるよ。窓にスモークフィルムがはってある車は、外からなかのようすが見えない。だから、なかでなにをしているのかわからないよ。こういう車は、悪いことに使われることが多いから、見かけたらとくに注意するようにしよう。

クイズ深掘り！

見られてる…

ドライバーの視線にも注意

　車を使った犯罪にあわないためには、運転手や乗っている人の視線に注意することも大切だよ。近くにいる車に乗っている人が、自分のことを見ているような気がしたら、急いで車からはなれよう。連れさろうと考えてこっちを見ているのかもしれないよ。

こんな車にも注意しよう

気をつけたほうがいい車は、見た目だけじゃなくて、車の動き方でもわかるよ。あやしい車には、動き方に特徴があるんだ。

ここで紹介するような動き方をしていたら、乗っている人が悪いことをしようとしているのかもしれない。注意しよう。

エンジンをかけたまま止まっている車

ずっとエンジンをかけっぱなしにして止まっている車は、すぐに逃げられるように準備をしているのかもしれない。そんな車に乗せられたら、助けを呼ぶひまもなく連れさられてしまうよ。近づかないようにしよう。

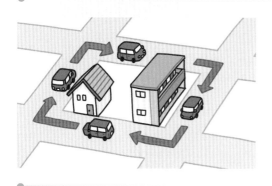

同じ道をぐるぐる回っている車

「さっき見かけた車がまた走ってきた」なんて思ったことはないかな。同じ道をぐるぐる回っている車は、連れさるこどもをさがしているのかもしれない。見かけたら、ちがう道を歩くようにしよう。

ゆっくり進んでいる車

ゆっくり進んでいる車は、乗っている人が、こどもをおそうタイミングを見はからっているのかもしれないよ。そんな車を見かけたら要注意。すぐにその道からはなれるようにしよう。

あやしい車が追いかけてきた！どっちに逃げる？

むずかしさ ★★★

A 車が進む方向へ逃げる

B 車が進む方向とは反対へ逃げる

車が進む方向とは反対へ逃げる

車と同じ方向に逃げるのは危険

あやしい車が追いかけてきたら、車が進む方向に逃げてはいけないよ。そのまま追いかけられてしまうからね。そして、どんなに速く走って逃げても、車のスピードにはかなわないから、すぐに追いつかれて、つかまってしまうよ。

車から逃げるときは、必ず車とは反対の方向へ逃げよう。車は急に向きを変えられないから、反対向きに逃げれば、追いかけてこられなくなるんだよ。

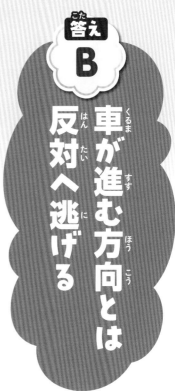

車に追いかけられたら、回れ右をして逃げよう！

クイズ深掘り！

おとなのいる場所に逃げこもう

交番　コンビニ　病院　こども110番の家

反対向きに逃げた後は、おとなのいる安全な場所に逃げこもう。おまわりさんのいる交番やコンビニ、病院などが安全だよ。こどもが危ない目にあったときにかくまってくれる「こども110番の家」があれば、そこに逃げこんでもいいんだ。近所にないか、さがしておこう。

悪い人がおそってきた！どうしよう？

むずかしさ ★ ★ ★

A 「助けて！」とさけぶ

B 「キャー！」とさけぶ

助けを呼ぶときは、特徴や名前もつけ足す

悪い人がおそってきたときは、しっかり「助けて！」とさけぼう。「キャー！」と悲鳴をあげるだけでは、遊んでいると思われて、だれも助けにきてくれないかもしれないからね。

助けを呼ぶときは、「そこのスーツの人！」など近くにいる人の特徴をいうのも大事。よりしんけんに聞いてもらえるよ。近くにだれもいなくても「田中さん、助けて！」と名前を呼べば、悪い人に知りあいがそばにいると思わせることができるよ。

うその名前でも、知りあいだと思って悪い人がひるむよ

クイズ深掘り！

「こわい」と感じたらすぐ逃げる

知らない人が急に近づいてきたり、手をつかもうとしてきたりして、少しでも「こわい」とか「おかしい」などと感じたら、すぐに逃げよう。

「もし悪い人じゃなかったら気を悪くするかな」なんて考える必要はないよ。たとえまちがいだったとしても、おこる人はいないからね。

47

問題 16

悪い人につかまりそうになった！
どうしよう？

むずかしさ ★ ★ ★

A しゃがんでから
逃げる

B 相手をおしてから
逃げる

相手の目をくらませてから逃げよう

　悪い人につかまりそうになったときは、相手の目をくらませて、逃げるチャンスをつくろう。そのためには、まず、地面に手がつくくらい低くしゃがむんだ。すると、悪い人はきみを見失う。そのすきに、すばやくからだの向きを変えて逃げるんだよ。

　相手がきみを見失うのはほんの一瞬だから、そのチャンスを逃さないことが大事なんだ。しゃがみ方が足りないと失敗するから、ふだんから練習しておこう。

地面にタッチしてから逃げる「タッチ&ゴー」だ！

クイズ深掘り！

チッ！

助けてー!!

いざとなったら「手足バタバタ作戦」

　これ以上逃げられないところまで追いつめられたら、地面にねころがって、手足をバタバタさせよう。そして、悪い人の手や足をけるんだ。悪い人が頭のほうにきたら、ねころがったままからだの向きを変えてバタバタこうげきを続けよう。その間も大声で助けを呼び続けてね。

数日後

いやー
あのときは
もうダメだと
思ったよ

無事で
よかったねー

やっぱり
悪い人っているんだね…

わたしも気をつけなくちゃ

うん
でもね…

悪い人もいるけど
いい人もたくさん
いるんだよ

ぼくがおそわれそうになったとき
いろんな人が助けてくれたんだ

それに、みんなすごく
やさしかったんだよ

もうだいじょうぶよ
いっしょに交番いきましょう

助けてー!!

どうした！
なにがあった！

よくがんばったね！
犯人は必ず つかまえるよ

こわかったけど
ちゃんと味方になってくれる
人たちがたくさんいるって
わかったのはよかったかな

それに
こわい目にあわないよう
まずは自分が気をつけておかなきゃ
いけないってことも学べたよ

てへっ!!

ユウト変わったね
なんか頼もしくなった

え、そうか?

テレッ

ユウト、エマちゃん
聞いて!
今、警察の人から
電話があって…

犯人
つかまったん
だって!

ほんと?
安心した〜

よかったね!

防犯のポイント

外出するときは、なにに気をつけなければいけないかわかったかな。最後に、注意するポイントをまとめてみたよ。家の外にはどんな危険があって、どんなふうに注意すればいいのか、もう一度よく確認しておこう。

出かけるときの注意点を知っておこう！

 ## 危険な道を通らない

出かけるとき、危険な道はできるだけ通らないようにしよう。そんな道を歩いていると、犯罪にあいやすくなるからね。どんな道が危険なのか、よくおぼえておこう。

こんな道が危険

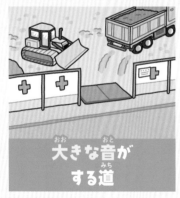

大きな音がする道

工事現場の近くや線路ぞいなど大きな音のする道は、助けを呼ぶ声が聞こえにくくなる。だから、なにかあっても助けにきてもらえない可能性があるよ。

ガードレールのない道

ガードレールがないと、車は歩道のすぐそばまで近づくことができる。もし、車のなかに悪い人が乗っていたら、連れこまれてしまうおそれがあるよ。

高いへいが続く道

道の両側に高いへいが続いていると、へいが目かくしになって、まわりから見えにくくなる。こういう人目につかない道では、犯罪がおこりやすいよ。

危険な場所に注意する

出かけた先でも注意は必要。公園やショッピングモールなど、楽しいところにも危険な場所があるよ。どんな場所がどんなふうに危険なのか、確認しておこう。

危険な場所いろいろ

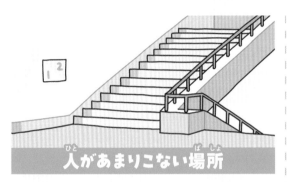

人があまりこない場所

ショッピングモールやデパートのすみにある階段などは、人があまりこない場所だから、もし危ない目にあっても、だれにも気づいてもらえないかもしれないよ。

だれでも入れて、人目につかない場所

マンションの駐輪場や駐車場などは、そのマンションの住人じゃなくても入ることができるし、外からは見えにくいので、犯罪にあいやすいよ。

ゴミや落書きが多い場所

落書きやゴミの多い場所は、ふだん見回る人がいないところ。だから、悪い人たちが集まりやすくなるんだ。そういう場所に近づくのは危険だよ。

多くの人が集まる場所

イベント会場など多くの人が集まる場所は、悪い人もまぎれこみやすい。それに、まわりの人はイベントに気をとられているから、犯罪にあっても気づいてもらいにくいよ。

車を使った犯罪にあわないために

すぐに遠くへ連れさることができる車は、犯罪に使われることが多いよ。だから車にはとくに注意しておかなくちゃいけない。車から身を守るポイントをおぼえておこう。

車から身を守るポイント

車道からはなれて歩く

外を歩くときは、なるべくガードレールのある道を通ろう。もしガードレールがない道を通るときは、できるだけ車道からはなれたところを歩くほうが安全だよ。

止まっている車のそばに近づかない

止まっている車を見かけたら、そばに近づかないようにしよう。もし車のなかに悪い人が乗っていたら、車のなかに連れこまれるかもしれないよ。

声をかけられても車に乗らない

車のなかから知らない人に声をかけられても、近よったり、車に乗ったりするのは絶対にやめよう。悪い人がこどもをゆうかいするために声をかけている可能性があるよ。

車が近づいてきたら逃げる

車が自分のそばに近づいてきたら、すぐにそこからはなれるようにしよう。もし追いかけてきたら、車の進む方向と反対の向きに走って逃げよう。

助けの呼び方と逃げ方

悪い人に追いかけられたり、おそわれそうになったりしたときの助けの呼び方や、逃げ方も知っておこう。もしものときに自分の身を守る大切なテクニックだよ。

助けを呼ぶときのポイント

「○○さん助けて！」とさけぶ

助けを呼ぶときは、「そこのスーツの人、助けて！」など近くにいる人の特徴をいうと、その人に気づいてもらいやすいよ。「鈴木さん、助けて！」など、てきとうに名前を呼ぶのも、悪い人に知りあいがいると思わせられるから効果的なんだ。

逃げるときのポイント

「タッチ＆ゴー」で逃げる

悪い人につかまりそうになったら、両手が地面につくくらい低くしゃがもう。すると相手がきみを見失うから、そのすきにすばやく向きを変えてダッシュで逃げるんだ。地面にタッチしてからゴーで逃げる「タッチ＆ゴー」という方法だよ。

「手足バタバタ作戦」で反げき

もし逃げられなかったら、その場で地面にねころがって、手や足をバタバタさせよう。そして足で悪い人の手足を思いきりけるんだ。悪い人が頭のほうにきたら、からだの向きを変えてこうげきを続けよう。その間も、助けを呼び続けてね。

▲ 監修者

国崎 信江（くにざき・のぶえ）

危機管理教育研究所代表。危機管理アドバイザー。
女性・母親の視点から防犯・防災対策を提案し、全国で
講演するほか、テレビ・新聞・雑誌を通じて普及啓発を
している。メディア出演多数。おもな著書・監修書に
『狙われない子どもにする！ 親がすべきこと39』（扶桑
社）、『こどもあんぜん図鑑』（講談社）、『こどもぼうは
んルールブック おまもりえほん』『じぶんをまもるチ
カラがみにつく！ ぼうはんクイズえほん』（ともに日
本図書センター）など。

▲ イラスト	小松亜紗美（Studio CUBE.）
▲ ブックデザイン	ムシカゴグラフィクス（池田彩） 釣巻デザイン室
▲ DTP	有限会社エムアンドケイ（茂呂田剛・畑山栄美子）
▲ 編集	大沢康史
▲ 企画・編集	株式会社 日本図書センター

※本書で紹介した内容は、
　2023年11月時点での情報をもとに制作しています。

NDC368.6
どっちを選ぶ？クイズで学ぶ！
こども防犯サバイバル
②お出かけ・外遊び
監修・国崎信江
日本図書センター
2024年 56P 23.7cm×18.2cm

どっちを選ぶ？ クイズで学ぶ！

こども防犯サバイバル
②お出かけ・外遊び

2024年1月25日　初版第1刷発行

監修者	国崎信江
発行者	高野総太
発行所	株式会社日本図書センター 〒112-0012 東京都文京区大塚3-8-2 電話 営業部 03-3947-9387 　　　出版部 03-3945-6448 HP　https://www.nihontosho.co.jp

印刷・製本	図書印刷 株式会社